ESSAI

SUR

L'IMPRIMERIE ET LA LIBRAIRIE

A CAEN

DE 1480 A 1550

*Discours prononcé le 4 décembre 1890, à la
séance annuelle de la Société des
Antiquaires de Normandie*

PAR

Léopold DÉLISLE

MEMBRE DE L'INSTITUT,

DIRECTEUR DE LA SOCIÉTÉ DES ANTIQUAIRES DE NORMANDIE

CAEN

HENRI DELESQUES, IMPRIMEUR-LIBRAIRE

RUE FROIDE, 2 ET 4

1891

ESSAI

SUR

L'IMPRIMERIE ET LA LIBRAIRIE

A CAEN

Problemata Logica

lia magistri Hieronymi de Han
gest ad gordij nexibus item pa
luphacoꝗ errore longe difficilio
rem soluendum perutilia.

Ilz sont a vendre a Rouen ches richardma
ce pres le portail nostre dame al éseigne des
Chapelles a Caen ches Michel angier pres
le pont saint pierre a et a Rennes ches Jeha
mace a lenseigne saint ieh ā leuangeliste.

ESSAI

SUR

L'IMPRIMERIE ET LA LIBRAIRIE

A CAEN

DE 1480 A 1550

Discours prononcé le 4 décembre 1890, à la séance annuelle de la Société des Antiquaires de Normandie

PAR

Léopold DELISLE

MEMBRE DE L'INSTITUT,

DIRECTEUR DE LA SOCIÉTÉ DES ANTIQUAIRES DE NORMANDIE

CAEN

HENRI DELESQUES, IMPRIMEUR-LIBRAIRE

RUE FROIDE, 2 ET 4

1891

MONSEIGNEUR,

MESDAMES, MESSIEURS,

C'est la seconde fois qu'il m'est donné de présider une séance solennelle de la Société des Antiquaires de Normandie. Je ne sais comment remercier mes confrères d'un honneur auquel je suis infiniment sensible, mais que je n'ai point accepté sans un certain embarras.

La dette que j'ai contractée envers la Société des Antiquaires remonte à plus de quarante ans, et le poids s'en est accru d'année en année, sans que j'aie pu convenablement reconnaître les encouragements qu'elle donna à mes débuts et les témoignages de sympathie qu'elle m'a constamment prodigués. Mon embarras envers elle est d'autant plus grand qu'elle pourrait, je l'avoue, m'accuser de n'avoir pas tenu mes engagements.

Quand vous daignâtes, mes chers confrères, m'admettre dans vos rangs, j'avais pour parrains deux maîtres qui voulaient bien guider mes premiers pas dans la carrière et qui jouissaient à bon droit d'une grande autorité parmi vous, puisqu'ils appartenaient l'un et l'autre à cette phalange d'hommes d'élite qui, sur l'appel de votre illustre fondateur, M. de

Caumont, jeta les fondements de votre association, et, par là, mit ou remit en honneur dans notre province la recherche et l'explication des antiquités, le goût de l'histoire locale, la conservation des monuments, le déchiffrement des vieux parchemins, l'exhumation de nos trésors littéraires du moyen âge et la pieuse constatation de tous les souvenirs du passé.

Ce que mes parrains, M. de Gerville et M. Le Prévost, avaient bien voulu vous dire de la bonne volonté et de l'ardeur de leur jeune disciple, vous autorisait peut-être à compter sur l'utilité d'une collaboration dont la preuve n'avait pas encore été faite. Vos rangs me furent donc ouverts. C'était bien sincèrement qu'alors je me proposais de concentrer tous mes efforts sur les annales et les institutions de la Normandie. Les événements en ont autrement décidé; ils m'ont jeté bien loin des régions qu'à l'origine je voulais explorer; mais, dans mes pérégrinations, je n'ai jamais perdu de vue les côtes de notre province. J'ai suivi avec une une vive curiosité vos travaux, et j'ai applaudi de tout cœur aux progrès que vous doivent l'histoire et l'archéologie normande, et qui vous ont valu, en France et à l'étranger, une si légitime considération.

Que de fois n'ai-je pas regretté de ne pouvoir prendre une part plus active à l'accomplissement de la tâche que vous vous êtes imposée! Votre excessive bienveillance, soutenue par la vieille amitié d'excellents camarades, m'a tenu compte de ces regrets et de ces intentions. C'est ainsi que je suis appelé aujourd'hui à siéger à votre bureau et à vous entretenir d'une question rentrant dans le cadre de vos travaux.

Heureusement votre programme est si vaste qu'il est possible d'y rattacher un sujet sur lequel mon attention s'est portée depuis longtemps et qui vous semblera peut-être intéresser la Normandie en général et la ville de Caen en particulier. Il s'agit des imprimeurs et des libraires qui ont exercé leur industrie et leur commerce dans vos murs, à la fin du XV° siècle et dans la première moitié du XVI°.

Vous savez, Messieurs, de quels nuages mystérieux sont enveloppées les origines de l'art typographique. Vous avez entendu plus d'une fois discuter les questions soulevées à l'occasion d'une découverte qui a exercé une si grande influence sur la marche de la civilisation. Pour nous en tenir aux points établis sur des témoignages irrécusables, il suffira de rappeler ici que les premiers livres imprimés en caractères mobiles sortirent vers l'année 1455 d'un atelier dirigé à Mayence par Jean Gutenberg, et que trois disciples de celui-ci, appelés à Paris par deux docteurs de la Sorbonne, y firent paraître, en 1470, le premier volume qui ait été imprimé sur le sol de la France. Le nouvel art se répandit bientôt dans les provinces, et le XV° siècle ne se termina pas sans qu'on eût vu s'ouvrir sur plus de quarante points du royaume des ateliers typographiques plus ou moins considérables.

La ville de Caen occupe le septième rang sur le tableau chronologique de ces établissements. Elle doit cet honneur à un livre de quarante feuillets, dont un exemplaire est exposé dans une armoire de la galerie Mazarine à la Bibliothèque Nationale : une édition des *Épîtres d'Horace*, la première qui ait paru en France. Sur la dernière page se lit une souscription ainsi conçue : « Imprimé à Caen, par maîtres Jacques Durandas et Gilles Quijoue, l'an du Seigneur 1480, le 6 du mois de juin ».

D'où sortaient ces deux imprimeurs ? Que sont-ils devenus, après avoir mis au jour un livre qui restera comme un des plus précieux monuments de l'histoire littéraire de Caen ? Il est impossible de répondre à cette double question. Jusqu'à présent, les noms de Jacques Durandas et de Gilles Quijoue n'ont été rencontrés nulle part ailleurs qu'à la fin de l'*Horace* de 1480. Ce qui paraît vraisemblable, c'est que le succès ne répondit pas à leur attente, et que, pour une raison ou une autre, l'établissement fondé par eux n'eut qu'une existence éphémère.

Les maîtres dont les leçons attiraient alors tant d'écoliers à l'Université de Caen ne devaient cependant pas tarder à apprécier les avantages que l'imprimerie procurait pour l'instruction de la jeunesse. Ils furent secondés par un homme très actif, très entreprenant et très éclairé, Pierre Regnault, auquel le titre de libraire de l'Université fut conféré le 15 septembre 1492, sur la recommandation de maître Pasquier Grappe, curé de Saint-Sauveur. Il s'établit dans une boutique de la rue Froide, qui portait pour enseigne une image de saint Pierre. C'est de là que sortirent, depuis 1492 jusqu'en 1518, plus de soixante volumes de tout genre, grammaire, littérature de l'antiquité et du moyen âge, philosophie, théologie, jurisprudence et médecine. La plupart de ces volumes étaient fabriqués par des imprimeurs de la ville de Rouen, où Pierre Regnault avait installé une succursale, dans la rue Ganterie, à l'enseigne des Trois-Fers-à-Cheval; l'exécution de plusieurs, et notamment celle de *Livres d'Heures*, enrichis de figures, fut confiée à des artistes parisiens justement renommés, Philippe Pigouchet, Thielman Kerver et Guillaume Anabat.

Des connaissances étendues devaient se rencontrer chez l'homme qui voulait alors dignement porter le titre de libraire de l'Université. Pierre Regnault tint à honneur d'être à la hauteur du titre qui lui avait été conféré. C'est en très bons termes qu'au mois de septembre 1496 il s'adresse à la jeunesse amie de la poésie, pour lui dédier une édition des *Métamorphoses d'Ovide*, avec un commentaire qu'il avait fait revoir par Jean Gauvain, professeur à l'Université de Caen.

La même année, ses collègues l'avaient chargé de défendre leurs franchises méconnues sur plus d'un point du royaume, et des mesures furent prises, le 10 octobre, pour l'indemniser des dépenses qu'avait occasionnées l'accomplissement de sa mission. En 1509, un poète le félicitait d'avoir libéralement procuré aux écoliers une édition de la *Consolation* de Boèce. A la considération qu'il s'était acquise s'ajoutait une certaine fortune, loyalement gagnée dans l'exercice de sa profession. Les registres des tabellions nous ont conservé plusieurs actes relatifs aux terres et aux rentes qu'il avait à Caen et aux environs. Sa librairie était au comble de la prospérité en 1513, quand, sentant

l'approche des infirmités ou de la vieillesse, il crut
devoir, le 10 octobre, représenter au conseil de
l'Université qu'il avait dans ses magasins trop de
livres pour pouvoir les écouler de son vivant; en
conséquence, il sollicitait la faveur, qui lui fut
accordée sur-le-champ, d'être autorisé à s'adjoindre
son fils, Denis Regnault, à titre de coadjuteur. Les
succès de notre libraire se prolongèrent encore
pendant les cinq années suivantes; mais, à partir
de l'année 1519, j'ai vainement cherché son nom
sur les livres publiés à Caen. Il devait être tombé
dans une véritable gêne au mois d'octobre 1519,
pour ne pouvoir pas acquitter une taxe à laquelle il
était imposé dans la répartition d'une somme à
recouvrer sur les officiers de l'Université. Menacé
de perdre sa charge de libraire, il conjura le danger
en offrant pour la bibliothèque commune six beaux
volumes qu'on s'empressa d'accepter, sans toutefois
le dispenser de payer sa quote-part de l'imposition.
Son fils devait l'aider à diriger la librairie. Dans
une lettre adressée, le 1er août 1515, à maître Pierre
Olivier, imprimeur de Rouen, Denis Regnault vante
l'édition que son père voulait donner au public du
recueil de sermons connu sous le titre de *Dormi
secure*, parce que les prédicateurs qui en possé-
daient un exemplaire pouvaient dormir tranquilles
sans avoir à préparer leur sermon du lendemain.
La lettre est datée « de notre officine littéraire »,
c'est à-dire de cette boutique de la rue Froide, dont
l'adresse figure à la première ou à la dernière
page de tant de volumes, à côté de l'élégant mono-
gramme de Pierre Regnault. Les mentions de cette

boutique, à l'enseigne de l'image de saint Pierre, disparaissent à peu près complètement depuis 1510. C'est à peine si nous trouvons, à la date de 1525, la publication d'un livre de Jacques Lefèvre d'Étaples, qui se vendait à l'enseigne de saint Pierre, dans la très fameuse Université de Caen. L'édition en avait été faite par un puissant libraire de Paris, François Regnault, qui appartenait sans doute à la même famille que Pierre Regnault. Celui-ci ne devait plus être en vie, ou du moins il s'était retiré des affaires, et son fils, Denis Regnault, avait abandonné l'officine de la rue Froide. Il avait renoncé à la carrière qu'avait suivie son père. Licencié en droit civil et en droit canon, il avait obtenu la charge d'avocat du roi à Caen. Il en remplissait déjà les fonctions quand l'Université le chargea, en 1528, de la représenter à l'assemblée des États de Normandie tenue à Louviers.

Un émule de Pierre Regnault, Robert ou Robinet Macé, originaire du diocèse de Lisieux, avait ouvert au cimetière de Saint-Pierre une librairie, dont l'existence nous est attestée dès le mois de mai 1498, par un traité de philosophie dont le titre est orné de la jolie marque à la Sirène et à la devise : « Ung Dieu, ung roy, une foy, une loy. » Le 9 mars 1490 (n. st.), l'Université pourvut Robert Macé d'un office de libraire, vacant par la résignation de l'ancien titulaire, probablement Michel Estienne, qui avait été reçu en 1482 et qui ne paraît pas s'être occupé de publication d'ouvrages imprimés. Tout autre fut le rôle de Robert Macé. Quoique la durée de son exercice ait été fort courte (il mourut vers la fin de l'année 1506), nous connaissons une quarantaine de volumes qui portent la marque ou l'adresse de Robert ou Robinet Macé. Dans le nombre, à côté de livres théologiques et classiques, on remarque différents morceaux de littérature française, les *Lunettes des Princes*, le *Doctrinal des nouveaux mariés*, les *Menus Propos* et les *Demandes joyeuses*.

Peu de temps après avoir été investi des fonctions de libraire de l'Université, Robert Macé avait pris à son service un jeune homme qui devait, pendant près d'un demi-siècle, jeter un grand lustre sur le commerce des livres en Normandie et en Bretagne. Le 15 février 1500 (n. st.), Michel Angier, de la paroisse de Denezé en Anjou, se présentait devant les tabellions de Caen et s'engageait à servir pendant trois années Robert Macé, libraire de la paroisse Saint-Pierre. Celui-ci lui promettait, outre le logement et la nourriture, une indemnité de 50 livres, payable en trois termes, avec faculté pour Michel Angier de résilier le marché, pourvu qu'il en prévint un an d'avance.

Après s'être initié à la pratique de la librairie chez Robert Macé, Michel Angier dut aller à Morlaix, où nous le voyons dans la Grande-Rue, en 1505, associé avec Richard Rogerie et débitant des livres qu'il avait fait imprimer à Rouen. Mais il ne tarda pas à se fixer définitivement dans la ville de Caen, qui devint pour lui une seconde patrie. En 1508, au plus tard, il y ouvrit une librairie près du Pont-Saint-Pierre, ce qui ne l'empêchait pas d'avoir une autre maison dans la ville de Rouen, non loin du Pont. Son grand mérite consiste à avoir appelé près de lui un imprimeur, Laurent Hostingue.

Nous avons vu que, vingt-huit ans auparavant, une
première tentative avait été faite pour doter la ville
de Caen d'un atelier typographique. Mais l'essai
n'avait guère réussi, et le souvenir en était absolu-
ment oublié. Cette fois-ci, le succès devait être
complet, et, dès le 6 mai 1509, un membre de
l'Université, Guillaume Guéroud, célébrait avec le
plus sincère enthousiasme l'arrivée des ouvriers qui
s'étaient rendus à l'appel de Michel Angier. « Je ne
saurais, disait-il en s'adressant à Raoul le Vilain,
l'un de ses collègues, je ne saurais trop vivement
féliciter notre célèbre Académie, en voyant auprès
de nous ces ouvriers imprimeurs qui viennent
d'arriver avec leur matériel. L'art qu'ils exercent
nous faisait défaut, et sans cette lacune, notre
gymnase aurait atteint le plus haut degré de gloire.
Tout le monde sait, en effet, quel soulagement la
nouvelle invention de l'imprimerie a apporté aux
hommes studieux : la nécessité de copier leur laissait
bien peu de temps pour acquérir une instruction
solide, sans compter cet autre inconvénient que,
même avec de grands sacrifices d'argent, on pouvait
à peine se procurer ce qu'on achète aujourd'hui
avec quelques pièces de monnaie. La pénurie de
livres avait pour conséquence la rareté des hommes
savants. Maintenant, grâce à l'incomparable découverte, nous voyons se produire au grand jour les
trésors littéraires qui, depuis des siècles, gisaient
oubliés dans les plus profondes ténèbres. La nouvelle
industrie, qu'on ne saurait assez exalter, va jeter un
nouveau lustre sur notre Université. Nous sommes
établis dans un lieu que recommandent à la fois la

fertilité de la campagne, la salubrité du climat, la pureté des eaux et le voisinage de la mer. On rencontre chez nous les hommes les plus distingués dans toutes les sciences, à tel point que notre ville peut passer pour le grand marché des arts libéraux. Mais jusqu'ici nous devions tirer des villes étrangères les livres dont nous avions besoin ; désormais nous pourrons en approvisionner les autres. Aussi la jeunesse studieuse doit-elle beaucoup de reconnaissance à mon ami et voisin Michel Angier, qui, par ses démarches et ses avances d'argent, a attiré les habiles artistes qui viennent d'inaugurer si heureusement, dans nos murs, l'exercice de l'imprimerie. »

Le libraire Michel Angier était un lettré. L'un des premiers livres, dont il commanda l'impression à Laurent Hostingue, fut une édition classique des *Bucoliques de Virgile*, et il fit insérer à la fin du volume une pièce de vers qu'il avait composée, peut-être avec l'aide d'un de ses amis de l'Université, pour vanter l'habileté dont Laurent Hostingue avait fait preuve en le mettant à même de publier un bon texte qu'il attendait avec autant d'impatience que les Grecs l'arrivée d'Achille, que Pénélope le retour d'Ulysse, que Phyllis la vue de Démophon, que Cadmus la découverte d'une source et que Chryséis les supplications d'Astyone. On voit en quel honneur l'Université de Caen tenait la mythologie des Grecs dès le commencement du XVIᵉ siècle.

Le goût des vers latins n'empêchait pas Michel Angier de se préoccuper du développement à donner à ses affaires commerciales. Il y réussit très vite en nouant d'utiles relations avec la famille de son

ancien patron, Robert Macé, et en se faisant conférer,
le 26 janvier 1500, le titre de relieur de l'Université,
qui lui assurait la jouissance de notables franchises.
Il habitait au chevet de l'église Saint-Pierre, et il
donnait son adresse près du Pont, ou bien au
Carrefour-Saint-Pierre.

Les deux membres de la famille Macé, dont Michel
Angier rechercha l'association, se nommaient Jean
et Richard.

Dès l'année 1500, Jean Macé était fixé à Rennes,
près de la porte Saint-Michel, devant l'église de
Saint-Sauveur, à l'enseigne de l'Image de Saint-Jean-
l'Évangéliste. La société qu'il forma avec Michel
Angier paraît avoir duré de l'année 1508 à l'année 1514.
A l'origine, en 1508, les associés avaient en commun
une maison située à Rouen, près du Pont, dans les
limites de la paroisse Saint-Martin.

Quant à Richard Macé, fils de Robert, nous le
voyons investi, le 26 février 1507 (n. st.), du titre
de libraire de l'Université, que feu son père avait
porté pendant huit années et qu'il garda lui-même
jusqu'en 1520. Malgré ce titre, Richard Macé ne
paraît guère avoir résidé dans la ville de Caen. Il
se fixa à Rouen, sur la paroisse Saint-Nicolas, près
du portail des Libraires, dans une maison qui avait
pour enseigne les Cinq-Chapelets. Ce fut seulement
vers le milieu de l'année 1511 qu'il devint l'associé
de Jean Macé et de Michel Angier.

Les opérations de la société portèrent sur un
grand nombre de volumes. Sans parler de la vente
de livres publiés par d'autres libraires, elle fit paraître au moins 56 ouvrages, dont 50 appartiennent à

la première période de son existence (1508-1511),
et 26 à la seconde (novembre 1511-1514). A partir de
l'année 1515, le nom de Michel Angier figure seul
sur les titres des livres qu'il fit imprimer; le nombre en est fort considérable. Je suppose que son
magasin du pont Saint-Pierre était devenu insuffi-
sant quand il se décida, en 1518 ou 1519, à transfé-
rer sa librairie dans une grande maison située sur
la paroisse de Saint-Sauveur, devant les Grandes-
Écoles, à côté du couvent des Cordeliers. Il y fit
mettre pour enseigne une image ou statue de son
patron saint Michel, et probablement aussi une
représentation du Mont-Saint-Michel. Peut-être
avait-il déjà adopté cette enseigne quand il habitait
au chevet de l'église Saint-Pierre Toujours est-il
que, dès le principe, il avait choisi l'image de saint
Michel pour servir de marque aux livres qu'il faisait
imprimer. Nous connaissons une cinquantaine d'ouvrages qui ont vu le jour dans la seconde maison de
Michel Angier, de 1519 à 1548.

Sur un assez grand nombre de livres parus entre
les années 1527 et 1539, le nom de Girard Angier,
qui avait été nommé libraire de l'Université le
13 mars 1527, et celui de Jacques Berthelot sont
associés à celui de Michel Angier. Enfin, en 1541,
1545 et 1548, la raison sociale est au nom de Michel
Angier et de Denis Bouvet. Vers la même époque,
de 1538 à 1543, Girard Angier, établi pour son
propre compte auprès du collège Du Bois, fit paraître plusieurs ouvrages d'une certaine importance:
un *Coutumier de Bretagne*, un *Coutumier de Normandie*, un *Missel de Saint-Brieuc* et un *Dictionnaire latin-français*.

Il ne semble pas que Michel Angier ait exercé au-delà de l'année 1548 un commerce dans lequel il s'était enrichi. Outre la maison de l'Image-Saint-Michel, qui devait lui appartenir, il possédait à Saint-Gabriel des terres qu'il avait achetées en 1538. Il était cité comme un des notables bourgeois de la ville. Par un acte de l'année 1534, il fonda le vin de Pâques dans sa paroisse, c'est-à-dire qu'il donna une rente pour faire annuellement une distribution de vin à tous ceux qui communiaient dans l'église de Saint-Sauveur, et en souvenir de cette fondation. il obtint pour lui et pour les siens le droit de sépulture dans la chapelle de Saint-Michel. Les officiers de l'Université lui accordèrent, en 1538, un témoignage de confiance, en lui donnant pleins pouvoirs pour arranger un différend qu'ils avaient avec les bourgeois de la ville. En 1538, il fut élevé, malgré son grand âge, à la dignité d'échevin, dont il avait déjà été revêtu une première fois en 1548.

D'un mariage contracté, en 1531, avec Marie d'Auge, il eut un fils, dont le gendre fut le père de ce François Malherbe, sieur du Bouillon, si souvent cité dans la correspondance du grand poète.

Je vous demande pardon, Mesdames et Messieurs, de m'être attardé à ces détails. Mais il convenait, ce me semble, de faire revivre la mémoire d'un de nos compatriotes dont l'intelligence et l'activité contribuèrent aux succès de votre Université sous le règne de François I⁰. L'introduction de l'imprimerie dans une grande ville est d'ailleurs un événement qui ne doit pas être négligé par les historiens, et personne ne peut contester à Michel Angier la gloire d'avoir fondé à Caen le premier de ces ateliers typographiques qui, depuis le XVIe siècle, n'ont jamais interrompu leurs travaux et qui ont produit et produisent encore tous les jours des livres également remarquables pour le fond et pour la forme.

Un nom qui, dans nos souvenirs reconnaissants, ne saurait être séparé de celui de Michel Angier, c'est celui de Laurent Hostingue. Ainsi s'appelait l'habile ouvrier auquel Michel Angier fournit, en 1508, le moyen de monter une maison d'imprimerie, non loin de l'église Saint-Pierre, au pied de la Tour-au-Landois. Voyons comment ses aptitudes avaient été reconnues par Michel Angier.

A la fin du XVe siècle, un modeste atelier typographique était exploité dans la ville de Rouen par trois ouvriers, Jean Mauditier, Laurent Hostingue et Jamet Loys. Ces trois compagnons exécutèrent, en 1499, un *Grécisme* destiné aux écoles de Caen. En 1503 et en 1505, deux de ces mêmes compagnons, Laurent Hostingue et Jamet Loys, travaillaient pour le compte de Pierre Regnault et de Jean Macé; leurs presses étaient montées dans une maison voisine du Marché-Neuf. C'est là, selon toute apparence, que les secrets de l'imprimerie furent révélés à un certain André Myllar, qui alla s'établir à Édimbourg et qui le premier exerça l'art typographique en Écosse. Peu de temps après le départ d'André Myllar, Laurent Hostingue abandonnait, lui aussi, l'atelier de Rouen : cédant aux instances de Michel Angier, il venait tenter la fortune dans la capitale de la Basse-Normandie.

Le premier livre sur lequel j'aie relevé le nom de

Laurent Hostingue, avec l'indication de Caen comme lieu d'impression, est une édition des *Paraboles* d'Alain de Lille, accompagnées de commentaires : elle est datée du 11 juillet 1508. Sur le titre sont quatre vers, pour avertir la jeunesse studieuse qu'elle pouvait désormais se procurer, moyennant quelques deniers, un livre dont l'impression avait coûté fort cher :

> Ecce parare tibi posthac, studiosa juventus,
> Ære potes modico quæ multo impressimus auro.

Le 12 janvier suivant, parut dans les mêmes conditions le *Dictionnaire* de Jean de Garlande. Sous le millésime de 1509, nous connaissons six volumes dus aux presses de Laurent Hostingue ; trois sont particulièrement remarquables, un *Boëce*, un *Térence* et ce *Georges de Bruxelles* en tête duquel est l'éloge de l'Université de Caen et des imprimeurs que Michel Angier venait d'y attirer. Pour l'année 1510, nous avons deux volumes ; l'un d'eux est un *Coutumier de Normandie*, in-folio de 216 feuillets, dont l'exécution ne laisse rien à désirer. Je ne connais qu'un petit livre avec la date de 1511. Il y en a quatre à mettre au compte de l'année suivante.

J'ai vainement cherché des livres imprimés à Caen par Laurent Hostingue pendant la période comprise entre 1513 et 1516. Tout porte à croire que Laurent Hostingue fit alors un assez long séjour à Rouen et qu'il exerça son art dans une maison voisine de l'église Saint-Vivien, la même peut-être d'où étaient sortis, depuis 1508 jusqu'en 1511, six volumes commandés par les libraires de Caen à l'imprimeur maître Pierre Olivier.

Jusqu'à preuve du contraire, j'estime que Laurent Hostingue, momentanément établi en 1513 à Rouen, dans la rue Saint-Vivien, y fabriqua au moins six volumes, les uns pour Michel Angier et ses associés, les autres pour des libraires de Rouen. En 1517, il était revenu dans la ville de Caen, qu'il ne devait plus abandonner. Il existe, en effet, une série ininterrompue de livres imprimés à Caen, de 1517 à 1526, qui portent expressément le nom de Laurent Hostingue. Ce nom disparaît à partir de l'année 1527.

Laurent Hostingue doit avoir eu pour successeur un membre de sa famille. Le 27 novembre 1557, l'Université décida que le montant d'une amende infligée à l'un de ses enlumineurs, Pierre Le Cointe, serait versé entre les mains de Bertrand Hostingue pour l'impression des pièces palinodiques.

Je n'ai encore découvert aucun livre sur lequel Bertrand Hostingue ait mis son nom, et je ne saurais dire s'il convient de lui attribuer plusieurs volumes que Michel Angier et ses associés, Girard Angier et Jacques Berthelot, ont fait imprimer de 1528 à 1531, avec des fontes de caractères achetées à Paris. Tel est, du moins, selon toute apparence, le sens de la formule *ex caracteribus Parrhisiis* qui se lit au bas du titre de six volumes imprimés en lettres gothiques avec de grandes initiales précédemment employées dans l'atelier de Laurent Hostingue.

Il n'entre pas dans mon plan de suivre plus loin les vicissitudes de l'imprimerie caennaise. J'ai simplement voulu en étudier avec vous les origines et provoquer de nouvelles recherches sur les livres que vos premiers libraires ont mis au jour avant l'année 1550. Toutes les obscurités sont loin d'être encore éclaircies ; nous pouvons cependant regarder comme définitivement acquis plusieurs points importants : l'impression des *Épîtres d'Horace* à Caen, en 1480, par Jacques Durandas et Gilles Quijoue ; – la prospérité des librairies ouvertes par Pierre Regnault, par la famille Macé et surtout par Michel Angier ; — enfin, la fondation, vers l'année 1508, par Laurent Hostingue d'un atelier typographique, où ont été composés et tirés beaucoup d'ouvrages appartenant aux genres les plus variés, mais se rattachant tous aux études de l'Université.

Vous découvrirez, mes chers confrères, d'autres détails qui viendront compléter ces premiers résultats. De nouveaux noms, je n'en doute pas, s'ajouteront à ceux que j'ai rappelés. Ce qui complique singulièment ce genre de recherches, c'est la facilité avec laquelle les ouvriers typographes du XV⁰ et du XVI⁰ siècle transportaient leur matériel d'une ville à une autre. C'est ainsi qu'un imprimeur rouennais, Guillaume Tuvcel, vint en 1521 à Caen, où il exécuta pour un libraire de Rouen une curieuse édition du *Floretus*, poème latin qui jouissait alors d'une grande vogue dans les écoles.

A une date un peu plus ancienne, nous rencontrons aussi un livre dont l'origine soulève un problème assez délicat. C'est un petit *Virgile*, imprimé à Caen, en 1511, avec des caractères ronds tout-à-fait différents des caractères gothiques dont se servait alors Laurent Hostingue, mais analogues à ceux dont le fameux Martin Morin se vante, au mois d'octobre 1507, d'avoir le premier fait usage en Normandie. La souscription par laquelle se termine le *Virgile* nous apprend que l'impression en est due aux soins et aux veilles de Pierre Regnault, le libraire de la rue Froide. N'aurions-nous pas sous les yeux un essai d'impression tenté à Caen par Pierre Regnault lui-même ? L'art typographique ne devait guère avoir de secrets pour ce libraire entreprenant, qui paraît avoir été un moment associé à l'exploitation d'une imprimerie rouennaise. Un traité de médecine, dépourvu de date, se termine par cette souscription : « Fin du Régime de santé, imprimé à Rouen, par Pierre Regnault, par maître Pierre Violette et par Noël de Harsy ».

Dès maintenant nous connaissons plus de 320 volumes qui ont été imprimés ou publiés à Caen avant l'année 1550. L'exécution de la plupart fait honneur au goût et à l'habileté des imprimeurs qui les ont fabriqués et des libraires qui ont choisi les textes à reproduire et dirigé le travail des ouvriers. Plusieurs volumes, tels que les deux *Térence* de Laurent Hostingue, l'un sans date, l'autre de 1500; les *Légendes dorées*, de 1507, 1510 et 1518; le *Coutumier de Normandie*, de 1510; la *Bible* et le *Catholicon*, de 1511; la *Somme rurale*, de 1512; le *Quincuplum psalterium*, de 1515, et les *Chroniques* d'Alain Bouchard, de 1518, peuvent soutenir la comparaison avec les meilleures productions de l'imprimerie parisienne et de l'imprimerie lyonnaise du temps de Louis XII et de François 1er. Mais ce qui doit surtout recommander ces livres à notre attention, c'est l'intérêt des notions qu'ils nous fournissent sur les sujets les plus variés.

La grande majorité des livres publiés par Pierre Regnault, par les Macé et par Michel Angier, appartient à la catégorie des livres scolaires. Il suffit d'en parcourir le catalogue pour se faire une juste idée des procédés alors suivis pour l'enseignement. D'après le nombre et la nature des ouvrages qu'on imprimait pour les écoliers, on entrevoit jusqu'à quel degré de raffinement étaient poussées les leçons de grammaire et de dialectique ; on constate la vogue étonnante dont jouissaient les poètes du siècle d'Auguste, vogue qu'ils partageaient avec d'autres compositions poétiques d'un ordre inférieur : les *Distiques* de Caton ; les *Fables* d'Ésope ; le *Floretus*, le *Facetus*, le poème sur le *Mépris du monde*, attribué à saint Bernard ; le *Tobie* de Mathieu de Vendôme ; les *Paraboles* d'Alain de Lille. Des traités de philosophie morale captivaient les générations d'étudiants qui se succédaient sur les bancs de la Faculté des arts. Croirait-on qu'en moins de trente années les libraires de Caen écoulèrent neuf éditions de la *Consolation* de Boèce, accompagnées du double commentaire de saint Thomas et de Josse Bade?

L'examen de tous ces livres suggère des observations qu'il serait aisé de développer pour écrire un chapitre curieux de l'histoire de nos écoles au commencement du XVIᵉ siècle, alors que les maîtres associaient dans leur enseignement les règles édictées en vers barbares par les Évrard de Béthune, les Alexandre de Villedieu, les Jean de Garlande, et les préceptes ou les modèles des humanistes de l'Italie et des Pays-Bas : Lorenzo della Valle, Agostino Dati, Niccolo Perotti, Publio Fausto Andrelini, Baptiste le Mantouan, Jean van Pauteren (Despautère), Pierre de Ponte, Josse Bade d'Asche et le grand Érasme.

A part même l'intérêt qu'ils offrent pour l'histoire de l'enseignement en France à l'aurore de la Renaissance, beaucoup de ces vieux livres caennais, dont je crains de vous parler trop longtemps, méritent d'être attentivement feuilletés par les amis du passé de notre chère province. On y fera connaissance avec nombre de professeurs dont les noms figurent à peine dans les registres de l'Université et qui peuvent modestement réclamer une place dans nos annales littéraires. Il y a parfois du talent dans les préfaces ou les dédicaces qu'ils ont mises en tête de différentes éditions, et dans les vers qu'ils ont composés pour célébrer leurs amis, pour vanter le soin et l'habileté des imprimeurs ou des libraires, pour encourager la jeunesse laborieuse.

Je pourrais citer plus de vingt professeurs dont les leçons eurent une grande réputation au commencement du XVIe siècle et qui, tombés depuis longues années dans un oubli complet, pourront sortir de l'obscurité. Bientôt, je l'espère, les biographies normandes enregistreront dans leurs nomenclatures :

Jean Gauvain, docteur en théologie, qui revisa le commentaire des *Métamorphoses* d'Ovide ;

Thomas Le Mestcier, du Neufbourg, éditeur de la *Consolation* de Boèce et d'un livre théologique, le *Cura clericalis*, qui fut souvent réimprimé ;

Nicolas Cadier, qui surveilla l'impression des *Comédies* de Térence ;

Guillaume Guéroud, dont le commentaire sur le poème de Macer fut souvent réimprimé à Paris ;

Le grammairien Robert Buisson, toujours prêt à recommander, en prose ou en vers, les œuvres de ses amis ;

Pierre des Prés, qui excellait à tourner des distiques dont les libraires se servaient en guise de réclames ;

David Jore, de Condé-sur-Vire, principal du collège Du Bois ;

Guillaume Marés, de Lisieux ;

Guillaume le Moine, de Villedieu ;

Et Guillaume Le Rat, d'Avranches.

Un mot seulement sur ces deux derniers personnages.

Le bourg de Villedieu, berceau d'un des plus célèbres grammairiens du moyen âge, le fameux auteur du *Doctrinal*, Alexandre de Villedieu, donna le jour, vers la fin du XV° siècle, à un autre grammairien qui tint une place fort honorable dans les écoles de Caen. Il se nommait Guillaume Le Moine, et il prêta serment, en 1514, pour monter dans une chaire de la Faculté des arts. Son exemple et ses leçons contribuèrent à inspirer à la jeunesse le goût des belles-lettres. Un de ses compatriotes, David Jore, de Condé-sur-Vire, dans une lettre datée du collège Du Bois, le 7 février 1530 (n. st.), proclamait les services qu'il avait rendus au pays, principalement par la compilation d'un Dictionnaire latin-français, rédigé d'après les travaux des meilleurs humanis-

les. Pour mieux faire valoir les mérites de Guillaume Le Moine, David Jore peignait sous les plus
sombres couleurs l'ancien état de l'Université de
Caen : « Avant ces dix dernières années, disait-il,
qui aurait osé dire qu'il fallait étudier les princes et
les héros de la littérature? Dans quelle barbarie
notre Université était-elle plongée ! Je veux mourir
si on y avait souci du latin. Depuis peu, cependant,
les yeux se dessillent, et les bonnes lettres semblent
vouloir renaître et comme sortir de leur obscure
prison. Quel obstacle les arrête? Uniquement la
rareté des lettrés, qui sauraient polir l'esprit des
enfants et en déraciner les épines de la grossièreté.
Le rossignol ne réduit-il pas les pies au silence? Un
maître éclairé ne ferait-il pas justice de niaiseries
plus que surannées? Essayons donc d'imiter ce Martin Dorp, qui a chassé des écoles de Louvain les
rêveries des sophistes pour y acclimater les élégances
du style de Plaute. Aujourd'hui les bonnes-lettres
sont florissantes chez les Anglais et chez les Alle-
mands. Mais, chez nous, qui est vraiment latiniste?
C'est à nos grands que nous devons imputer un tel
malheur. Ils n'ont souci que des hommes capables
de dresser leurs chiens et leurs chevaux. Peu leur
importe que la littérature et la morale soient ensei-
gnées aux enfants. Mais à quoi bon parler à des
sourds? L'Âne, dit-on, aime mieux un peu de
paille que beaucoup d'or. Malgré tout, ne nous dé-
courageons pas, et espérons que la jeunesse saura
profiter du livre utile en tête duquel j'ai le plaisir
d'inscrire quelques lignes dédiées à un ami ! »

Une édition du *Dictionnaire* dont David Jore

saluait si pompeusement l'apparition, fut dédiée par l'auteur à un jeune homme dont la famille appartenait, comme la sienne, au bourg de Villedieu. Cette dédicace, adressée à Jean Le Fèvre, de Rouen, fait honneur au caractère de Guillaume Le Moine : il y parle en termes touchants de ses frères, qui lui avaient tenu lieu de père, — de sa mère, Michelle Gautier, qui était cousine de Raulin Gautier, apparemment l'imprimeur rouennais de ce nom, — d'Olivier Gautier, chanoine régulier de Saint-Augustin, et surtout du père de son jeune ami, Nicolas Le Fèvre, l'un des fondeurs dont le souvenir doit être conservé dans l'histoire des arts de la France. Au nom de la plus tendre amitié, Guillaume Le Moine conjurait Jean Le Fèvre de se donner tout entier à l'étude « Il faut travailler sans relâche, lui disait-il, pour que, dès ta jeunesse, tu puisses acquérir dans les écoles la supériorité que ton père s'est acquise dans l'art du fondeur : tu sais quelle était sa réputation dans toute la France, et son habileté est attestée par cette cloche que nous entendons dans la grande abbaye de Saint-Étienne. »

Guillaume Le Moine, de Villedieu, nous a retenus un peu longtemps. Cependant, au risque de mettre encore votre patience à une rude épreuve, je voudrais vous présenter un autre enfant de la Basse-Normandie, maître Guillaume Le Rat, d'Avranches.

Nous rencontrons pour la première fois ce Guillaume Le Rat dans une lettre du 25 septembre 1523, écrite par Jean Roger, de Cornières, dans la maison qu'il appelle le *Museum Silvanum*, c'est-à-dire le collège Du Bois. Guillaume Le Rat était alors chargé

d'instruire la jeunesse d'Avranches. En 1525, il était
en compétition avec maître Pierre Auren, pour obtenir
le décanat de la Faculté des arts. Il fut, en 1527,
l'un des commissaires qui élaborèrent les statuts de
la confrérie des Palinods. Son ami, le libraire Michel
Angier, le chargea, en 1530, de recommander au
public une nouvelle édition des *Morales* de Jérôme
de Hangest : pour remplir cette mission, il composa
une pièce de vers dédiée à un professeur de théologie, frère Bertrand Jean, abbé de Montdaie, et une
épître en prose, adressée le 1er mars 1530 (n. st.)
à Michel Angier, qu'il appelait son petit cœur :
Vale, corculum meum. Guillaume Le Rat avait, pa-
raît-il, soigneusement revu le texte de Jérôme de
Hangest. Un poète normand, Géraud Durand, du
Vicel en Cotentin, a vanté la pureté de l'édition
préparée par Guillaume Le Rat, « ce savant professeur que les doctes sœurs de l'Aonie avaient nourri
de leur lait et qui, devenu profond théologien, s'était
voué à l'éducation de la jeunesse et faisait la gloire
de l'Avranchin ». L'année 1532 lui réservait le plus
éclatant de ses triomphes. Il fut alors choisi pour
haranguer François Ier lors du voyage de ce prince à
Caen. L'événement est assez considérable pour que
je me permette de le rappeler ici d'après une relation
que le recteur Jean Roger inséra dans les registres
de l'Université et dont il fit imprimer un résumé à
la fin d'un petit livret intitulé : *La Loy salique*,
que Michel Angier publia quelques jours après.
Suivons pas à pas le récit du recteur.

Ce fut le vendredi 5 avril 1532 que l'Université se
rendit en corps à l'abbaye de Saint-Étienne, où elle

fut reçue par le roi, prêt à partir pour la chasse. L'orateur qu'elle avait choisi pour présenter ses hommages et ses requêtes, Guillaume Le Rat, se montra l'émule de Démosthène, de Pline et de Cicéron : il débita son discours tout d'un trait, avec une impétuosité digne de Milon de Crotone et qui commanda le silence à l'assistance entière. Quand il eut terminé, le roi répondit : « Messieurs, vous me demandez deux choses, c'est justice et libéralité de justice. Je la vous dois, et ne veux seulement vous faire justice, mais libéralité et gratuité, et accroître vos privilèges et libertés, et non diminuer. » L'évêque de Lisieux, Jean Le Veneur de Tillières, se hasarda à faire observer que, si l'Université devait être maintenue dans ses privilèges, elle n'était pas fondée dans ses prétentions sur des bénéfices dont les évêques avaient la libre disposition. Mais le roi voulait favoriser l'Université de Caen, que, dans la matinée, l'évêque de Bayonne, Jean du Bellay, lui avait recommandée comme supérieure à celle de Paris. Il répondit sur le champ au prélat : « Je veux que vous et les vôtres vous leur rendiez ce que vous avez usurpé sur eux. Il m'a dit, lui (et il montrait du doigt Guillaume Le Rat), il m'a dit que cette Université a tels privilèges que mes autres Universités. Je veux qu'elle en jouisse. » Et s'adressant à l'Université : « Baillez, dit-il, votre requête par écrit au légat, et qu'il vous dépêche. » L'évêque de Lisieux s'apprêtait à répliquer ; mais l'amiral Philippe Chabot lui coupa la parole : « Sire, dit-il, si vous l'écoutiez, il nous tiendrait encore dans une heure. » Sur quoi, le roi François se mit en marche, mais non sans s'être enquis du nom de l'orateur. « Sire, dit l'amiral, c'est un docteur en théologie, nommé notre maître Le Rat ; il a prêché à Paris devant Madame la Reine ; c'est un homme fort savant. » Le roi revenant sur ses pas s'adressa de nouveau au docteur, dont il avait si bien goûté la harangue : « Notre maître Le Rat, dit-il à haute voix, j'entends dire qu'avez de bonne doctrine ; foi de gentilhomme, vous prêcherez dimanche devant moi, en la mode de cour, bref. » François Iᵉʳ n'aimait pas, semble-t-il, les longs sermons. Le dimanche suivant, Guillaume Le Rat prêcha devant la cour dans l'église de Saint-Georges du château. Après le sermon, le prédicateur fut ainsi présenté au roi par l'amiral : « Sire, voici notre maître qui prend congé de vous. — Notre maître, dit le roi, je vous remercie ; vous m'avez bien contenté, vous m'avez doublement contenté ; notre maître, je vous remercie. » Et notre maître se retira en rendant grâces à la Majesté royale.

Un dernier écho de la célébrité de Guillaume Le Rat nous est apporté en 1535 par une *Épître* en prose et par deux petites pièces de vers dans lesquelles il est qualifié de théologien très docte, très accompli et ayant très bien mérité de l'Université : *doctor theologus doctissimus, theologus absolutissimus, meritissimus theologiæ doctor.* Cette lettre et ces vers ont été mis par Tannegui Sorin et par Jean du Bois-Lambert en tête du volume qui fut publié à Caen, le 31 juillet 1535, sous le titre de *Summa Raymundi de sacramentis ecclesie.*

Il me reste à vous demander pardon, Monseigneur.

Mesdames et Messieurs, de l'aridité des détails dans
lesquels je suis entré. L'objet le plus ordinaire des
études et des discussions de la Société des Antiquaires est d'un ordre beaucoup plus élevé. Quand
vous décrivez, mes chers confrères, les monuments
de tout genre dont nos villes et nos campagnes sont
couvertes, quand vous remettez en lumière les
exploits des Normands sur la terre de France et
à l'étranger, quand vous expliquez les vieilles institutions qui ont valu à notre province la qualification
de pays de sapience, il vous est facile d'intéresser
et de charmer tous ceux qui assistent à vos
séances publiques. Moins heureusement inspiré
que mes devanciers, j'ai dû vous entretenir d'un
bien modeste sujet.

Les volumes que nous avons passés en revue sont
généralement d'un aspect assez peu séduisant. La
plupart sont tout simplement des livres de classe, et
les écoliers qui s'en sont servis, il y a plus de trois
siècles, n'étaient pas plus soigneux que les écoliers
de nos jours. Aussi, beaucoup de ces livres ne sont-ils
plus représentés que par des exemplaires crasseux et
délabrés ; plusieurs même sont à peine connus par
des débris qu'on a pu retirer d'anciennes reliures.
Malgré tout, ils ont droit à nos égards. Ne sont-ils pas
les témoins véridiques de la vie des étudiants normands au temps de Louis XII et de François I⁰⁰ ?
N'attestent-ils pas l'activité littéraire qui régnait dès
lors dans notre Université ? Ne nous ont-ils pas
conservé les noms de ces maîtres patients, dévoués
et instruits, qui ont formé, en Normandie, la robuste
génération du XVI° siècle ? Par toutes ces considé-

rations, j'ai cru pouvoir recommander à votre sympathique attention de pauvres volumes, véritables invalides des écoles, qui doivent être pieusement recueillis dans nos bibliothèques. Puisse l'éloge de Pierre Regnault, de la famille Macé et de Michel Angier ne pas vous avoir paru déplacé dans une enceinte voisine des maisons où se sont fabriqués et débités la plupart des livres que la jeunesse de Bretagne et de Normandie a consommés pour son instruction pendant un demi-siècle !

J'ai voulu simplement esquisser les principales lignes d'un chapitre de l'histoire de la Renaissance des lettres à Caen. C'est à vous, Messieurs, qu'il appartient d'écrire cette histoire avec tous les développements que le sujet comporte. Il vous sera facile de montrer qu'alors, comme au moyen âge, comme au XVII⁰ siècle, comme de nos jours, la ville de Caen se distingue toujours parmi les cités qui honorent le plus les lettres et qui les cultivent avec le plus de succès.

❡ Magna exponibilia magistri Joannis de celaya Valentini cum paruis eiuſdē nuperrime impreſſa atqꜫ ab eodē ſue integritati reſti tuta.

❡ Ladomi Venundantur in domo Michaelis angier ad interſignium diui Michaelis Iuxta conuentum Fratrum minorum.

3.ſ.

Liste des Livres imprimés ou publiés à Caen de 1480 à 1550 (1).

1. Adrianus Carthus. De *remediis utriusque fortune*. Roth., ad inst. Jo. Macé, 1566. 8°.
2. *Ædificatio salutiferæ legis*. Cad., L. Hostingue, s. d. 8°.
3* *Æsopi fabulæ, cum commento*. Cad., L. Hostingue, 1512. 4°.
4. *Æsopi fabulæ, cum commento*. Cad., Roth., Cad. in off. Rob. Macé, s. d. 4°.
5* *Æsopi fabulæ, cum commento*. Roth., L. Hostingue, s. d. 4°.
6. *Æsopi fabulæ*. Cad., L. Hostingue, s. d. 8°.
7* *Alani parabolæ*. Cad., P. Regnault, s. d. 8°.
8. *Alani parabolæ, cum comm*. Cad., L. Hostingue, 1508. 4°.
9. Albertus Magnus. *Compendium theolog. verit*. Roth., ad inst. P. Regnault, 1505. 8°.
10. Albertus Magnus. *De virtutibus herbarum*. Roth., L. Hostingue, s. d. 8°.
10 A. Albertus Magnus. *Secreta virorum et mulierum*. Roth., per Jo Mauditier, 1508. Marque de J. Macé. 8°.
11. Alexander de Villa Dei. *Doctrinale, cum glosa F. Monieri*. Roth., imp. P. Regnault, s. d. 4°.
12* Alexander de Villa Dei. *Doctrinale, cum glosa F. Monieri*. Rouen, pour Michel Angier, 1518. 8°.
13. Alexander de Villa Dei. *Glosa notabilis super Doctrinale*. Caen, M. Angier, s. d. 4°.

(1) Ayant préparé, pour la période antérieure à l'année 1550, un catalogue raisonné des livres imprimés ou publiés à Caen, y compris les travaux exécutés à Rouen par Laurent Hostingue, et les livres liturgiques des diocèses de Bayeux, de Coutances, d'Avranches, de Sées et de Lisieux, je recevrai avec une vive reconnaissance l'indication de tous les ouvrages de ces diverses catégories qui ne figurent pas sur la présente liste ou que j'y ai portés avec le signe *, ce qui montre que j'ai connu le livre d'après des citations de seconde main ou d'après des exemplaires imparfaits. Je me ferai un devoir de mentionner dans le catalogue raisonné les auteurs de toutes les communications que j'ai reçues ou que je recevrai.

14° Alexis (Guillaume). Dialogue du crucifix et du pèlerin. Caen, M. Angier, s. d. 4°.

15. Alexis (Guillaume). Grant blason des faulses amours. Richard Macé, s. d. 8°.

16. Andrelini (P. F.). Hecatodistichon. Ben., J. Macé, 1523? 4°.

17. Angelus de Calvasio. Summa angelica. Roth., imp. P. Regnault, 1511 4°.

18° Angelus de Calvasio. Summa angelica. Roth., L. Hostingue, 1513. 4°.

19. Angelus de Calvasio. Summa angelica. Cad., L. Hostingue, 1517. 4°.

20. Anguilbertus (Theob.). Mensa philosophica. Roth., imp. Mich. Angier. 1508. 8°.

21° Aniani compotus. Roth., imp. Rob. Macé, 1502. 4°.

22. Arbor scientie boni et mali. Cad., Mich. Angier. s. d. 8°.

23° Aristotelis problemata. Caen, M. Angier, s. d. 8°.

24° Aristotelis textus abbreviatus. Caen, P. Regnault, 1510. 4°.

25. Art et science de bien parler. Rouen, Rob. Macé, s. d. 4°.

26. Articuli fidei. S. l. ni d. 8°.

27. Auctoritates philosophorum. Roth., pro Rob. Macé, s. d. 8°.

28° Auctoritates philosophorum. Cad., M. Angier, s. d.

29. Aureum de peccatis opusculum. [Cad.], M. Angier, s. d 8°.

30° Baptista Mantuanus. Contra impudice scribentes. Rouen, pour Rich. Macé, 1499. 4°.

31° Baptista Mantuanus. Contra impudice scribentes. Caen, L. Hostingue, s. d. 4°.

32. Baptista Mantuanus. De contemnenda morte. Caen, L. Hostingue, s. d. 4°.

33. Baptista Mantuanus. Parthenice Catharinaria. Cad., L. Hostingue, 1512. 4°.

34. Baptista Mantuanus. Parthenice Catharinaria. Cad., L. Hostingue, 1523. 4°.

35. Baptista Mantuanus. Parthenice Mariana. Cad., M. Angier, s. d. 8°.

36° Barthélemi l'Anglais. Le Propriétaire. Rouen, pour Je. Macé, 1512.

37° Belle Maguelonne (La). Rouen, pour M. Angier, s. d. 4°.

38° Berbier (Jean). Viatorium. Michel Angier, 1508.

39. Biblia. Roth., imp. P. Regnault et M. Angier. 1511. Fol.
40. Boetius. De consol. philosophie. Roth., L. Hostingue, 1501. 4°.
41. Boetius. De consol philos. Roth., pro Rob. Macé, 1506. 4°.
42. Boetius. De consol philos. Roth., pro P. Regnault, 1507. 4°.
43. Boetius. De consol. philos. Cad., L. Hostingue, 1510. 4°.
44. Boetius. De consol. philos. Roth., pro J. Macé, 1515. 4°.
45. Boetius. De consol. philos. Roth., pro J. Macé, 1519. 4°.
46. Boetius. De consol. philos. Cad., 1529 ? 4°.
47. Boetius. De consol. philos. Roth., pro M. Angier, s. d. 4°.
48. Boetius. De consol. philos. Roth., imp. Jo. Macé. s. d. 4°.
49. Bonaventura (S.). De modo se preparandi ad celebrandam missam. Caen, L. Hostingue. s. d. 8°.
50. Bouchard (Alain). Chroniques de Bretagne. [Caen], M. Angier. 1514. Folio.
51. Bouchard (Alain). Chroniques de Bretagne. [Caen], 1532. Fol.
52° Boussard (Gaufridus). De continentia sacerdotum. Roth., L. Hostingue, 1513. 8°. (L'existence de cette édition est douteuse.)
53. Boussard (Gaufridus). De continentia sacerdotum. [Cad.], M. Angier, 1511. 8°.
54. Boutillier (Jean). La somme rurale. Rouen, pour J. Macé, 1512. Fol.
55° Brant (Séb.). Navis stultifera. M. Angier, s. d. 4°.
56° Breviarium Abrincense. 8°.
57° Breviarium Baiocense. Fol.
58° Breviarium Baiocense. 8°. 33 lignes à la colonne. Feuillets du psautier non numérotés.
59° Breviarium Baiocense. 8°. Feuillets du psautier numérotés.
60° Breviarium Baiocense. Roth., in edibus M. Angier, 1545. 8°.
61° Breviarium Constantiense. 8°. 34 lignes à la col. [Roth., imp. P. Regnault, 1490 ?].
62° Breviarium Constantiense sive Diurnum. In 16. 24 lignes à la colonne.
63° Breviarium Constantiense sive Diurnum. In 16. 37 lignes à la colonne.
64° Breviarium Lexoviense. 8°. 31 ou 32 lignes à la colonne.

65° Breviarium Redonense. Par., pour Je. Macé. 1514. 8°.

66° Breviarium Sagiense. Cad., 1518. 8°.

67° Britonis synonima. Cad., P. Regnault. s. d.

68. Brohon (Jo.). De stirpibus. Cad., M. Angier. 1541. 8°.

69. Bruxellensis (Geo.). Expositio in logicam. Roth., in off. Petri Regnault. 1509. 4°.

70. Bruxellensis (Geo.). Expositio in logicam. Cad., L. Hostingue, 1512. 4°.

71. Bruxellensis (Geo.). Expositio in logicam. Caen, P. Regnault, 1516. 4°.

72. Bruxellensis (Geo.). Summularum Petri Hispani expositio. Cad., L. Hostingue, 1509. 4°.

73° Burgo (Jo. de). Pupilla oculi. Cad., M. Angier, 1522. 4°.

74. Cato cum commento. Cad., L. Hostingue, 1510. 4°.

75. Cato cum commento. Cad., L. Hostingue, s. d. 4°.

76. Cato pro pueris optimus. Cad., Mich. Angier. [1517 ?]. 4°.

77. Celaya (Jo. de). Expositio in primum tractatum summularum magistri Petri Hispani. Cad., M. Angier, s. d. 4°.

78. Celaya (Jo. de). Dialectice introductiones. Caen, L. Hostingue, s. d. 4°.

79. Celaya (Jo. de). Magna exponibilia. Cad., M. Angier, s. d. 4°.

80. Celaya (Jo. de). Magne suppositiones. Caen, M. et G. Angier, 1527. 4°.

81° Chronique de France abrégée. Caen, 1510. 4°.

82. Chroniques de la Grande Bretagne. Rouen, Caen, M. Angier, 1510. 4°.

83. Chroniques de Normandie. Rouen, pour P. Regnault, s. d. 4°.

84. Chroniques de Normandie. Rouen, pour Rich. et Je. Macé, s. d. 4°.

85. Chroniques de Normandie. Rouen, pour Rich. Macé et J. Burges, s. d. 4°. (Variante de l'édition précédente.)

86. Ciceronis synonyma. Cad., M. Angier, s. d. 8°.

87. Clementis V constitutionum apparatus. Roth., Cad., M. Angier, 1512. 8°.

88° Cleophilus (Oct.). De cætu poetarum. Roth., pro P. Regnault, s. d. 4°.

89° Clichthoveus (Jud.). De vita et moribus sacerdotum. Cad., 1520. 8°.

90. Clichthoveus (Jud.). Introductiones in terminos. Roth.,
imp. P. Regnault, 1518. 8°.

91. Columba (Petrus). Interrogationes grammatice. Roth., pro
Rob. Macé, 1506. 8°.

92. Coustumier de Bretaigne. Rennes. J. Macé, 1502. 8°.

93° — Les louables coustumes. [Paris], Phil. Pigouchet, pour
J. Macé, 1507. 8°.

94. — Les louables coustumes. Rennes et Caen. J. Macé et
M. Angier, 1517. 8°.

95. — Les louables coustumes. Caen, à l'enseigne du Mont S.
Michel, s. d. ? 8°.

96. — Coustumes de Bretagne. Ex carracteribus Parrhisiis,
1526. 8°.

97. — Coustumes de Bretagne. Ex carracteribus Parrhisiis,
1531. 8°.

98. — Coustumes de Bretagne. Rouen, pour G. Anger, 1534. 8°.

99. Coustumier de Normandie. Caen, L. Hostingue, 1510. Fol.

100. Coustumier de Normandie. Rouen, pour M. Angier, [1515].
Fol.

101° Coustumier de Normandie. Rouen, pour Robinet Macé,
s. d. 8°.

102. Coustumier de Normandie. Rouen, pour... Girard Anger,
1530. Fol.

103. Cura clericalis. Caen, L. Hostingue, pour Michel Angier,
s. d. 8°.

104° Cura clericalis. Caen, L. Hostingue, pour J. Macé et M.
Angier, s. d. 8°.

105. Cura clericalis. [Caen], M. et G. Angier, s. d. 8°.

106. Cura clericalis. [Caen], sans noms d'imprimeur et de libraires, s. d. 8°.

107. Curte (Rochus de). De jure patronatus. Cad., M. Angier.
1509. 4°.

108. Datus (Augustinus). Elegantiarum precepta. Caen, M. et G.
Angier, s. d. 8°.

109. Datus (Augustinus). Precepta elegantie latine, versu a Rob.
Dumo expressa. Caen, L. Hostingue, 1525. 8°.

109. A. De contemptu mundi cum commento. Roth., per L.
Hostingue, s. d. 8°.

110. De contemptu mundi, cum commento. Cad., Rob. Macé, s. d. 4°.

111 De contemptu mundi, cum commento. Cad., M. Angier, s. d. 4°.

112. De contemptu mundi, cum commento. Cad., L. Hostingue, s. d. 4°.

113 De contemptu mundi, sine commento. Cad., L. Hostingue, s. d. 8°.

114* De contemptu mundi. Cad., L. Hostingue, s. d. 4°.

115.* Demandes joyeuses. Rouen, pour Robinet Macé, s. d. 4°.

116. Denise (Nic.). Gemma predicantium. Roth., imp. Petri Regnault, 1505. 4°.

117* Denise (Nic.). Sermones. Roth., Mich. Angier et J. Macé, s. d. 8°.

118. Despauterius (Jo.). Contextus grammatice artis. Cad., M. Angier, s. d. 8°.

119* Destruction de Jerusalem. Rouen, pour M. Angier, s. d. 4°.

120. Dialogus Salomonis et Marcolphi. Roth., imp. P. Regnault, s. d. 4°.

121. Doctrinal de sapience. Rouen, pour M. Angier, s. d. 4°.

122* Doctrinal des nouveaux mariés. [Rouen], Robinet Macé, s. d. 4°.

123. Dodi Apologia. Roth., in off. M. Angier et J. Macé, s. d. 8°.

124. Dogma philosophorum. Cad., pro P. Regnault, s. d. 8°.

125* Donati expositio. Cad., M. Angier, 1515. 4°.

126* Donati expositio. Cad., M. Angier, 1518, 8°.

127* Donati expositio. Cad., M. Angier, s. d. 8°.

128. Dumus (Rob.). Epitomata grammatice. Cad., L. Hostingue, s. d. 8°.

129* Duranti (Guill.). Rationale divinorum officiorum. Cad., L. Hostingue, 1518.

130. Ebrardi Grecismus. Roth., L. Hostingue, sumptu R. Macé, 1499. 4°.

131. Ebrardi Grecismus. Roth., sumptu Rob. Macé, 1500. 4.

132. Ebrardi Grecismus. Roth., pro Jo. et Rob. Macé, s. d. 4°.

133* Ebrardi Grecismus. Roth., pour Robinet Macé, s. d. 4°.

134. Erasmi Adagia. Cad., M. Angier. s. d. 4°.

135* Erasmi Adagia magna. [Cad.], s. d.? 8°.

136. Esguillon (L') de crainte divine. Rouen, pour Rob. Macé,
    s. d. 4°.

137. Examen de conscience. Rouen, pour P. Regnault, s. d. 4°.

138. Examen de conscience. Rouen, pour P. Regnault, s. d. 4°.
    (Variante de l'édition précédente.)

139. Expositio hymnorum. Roth., pro Rob. Macé, 1500. 8°.

140* Expositio hymnorum. Roth., in off. M. Angier, s. d. 8°.

141. Expositio hymnorum. Cad., 1530. 8°.

142* Expositio sequentiarum [Roth., L. Hostingue], 1516. 4°.

143. Fabri (Pierre). Art de plaine rethorique. Caen, au Mont
    S. Michel, 1544. 4°.

144. Facetus cum commento. Cad., M. Angier et J. Macé,
    1509. 4°.

145. Facetus cum commento. Roth., imp. P. Regnault, s. d. 4°.

146. Fernandi (Petrus). Flosculus sacramentorum. Cad., M.
    Angier, s. d. 8°.

147* Ferratius (Thomas). De Advocatis. Cautelæ. Roth., imp. M.
    Anger, s. d. 8°.

148. Ficinus (Marsilius). De triplici vita. Roth., P. Regnault,
    s. d. 4°.

149. Fillou (Arthur). Speculum curatorum. S. l. ni d. 8°.

150* Fillou (Arthur). Speculum curatorum. Rouen, pour M. et
    G. Anger. 8°.

151* Fleur (La) des commandemens de Dieu. Rouen, à l'inst.
    de P. Regnault, 1496. Fol.

152. Floretus cum commento. Roth., imp. P. Regnault, 1507. 4°.

153* Floretus cum comm. Roth. et Cad., M. Angier, 1508. 4°.

154. Floretus. Cad., 1512. 4°.

155* Floretus cum commento. Roth., pro P. Regnault, 1517. 4°.

156. Floretus cum commento. Cad., Guill. Tuveel, 1521. 4°.

157. Floretus sine commento. [Cad.], M. Angier, 1521. 8°.

158* Fontenay (Guido de). Synonima, etc. Cad., s. d.

159* François Ier. Lettres pour l'Université de Caen, sur le fait
    des nominations aux bénéfices. 20 mai 1520.

160. Garlandia (Joh. de). Æquivoca. [Roth.], A. Myllar, 1505. 4°.

161. Garlandia (Jo. de). Dictionarius. Cad., L. Hostingue,
    1508. 4°.

162. Garlandia (Jo. de). Libellus de verborum compositis. Roth.,
    L. Hostingue, 1505. 4°.

163* Gersonio (Joh. de). De virtutibus et vitiis. Cad., M. Angier, 1502. 4°.

164. Gesta Romanorum. Caen. M. Angier, 1514. 8°.

165. Grand pardon de l'Hôtel Dieu de Paris. [Caen?], s. d. Fol.

166. Grand pardon de l'hôpital S. Jacques du Haut Pas. [Caen?], s. d. Fol.

167* Gringoire (Pierre). Les faintises du monde. Rouen, pour Je. Macé, s. d. 8°.

168. Guillermus, Parisiensis episcopus. De septem sacramentis. Roth., pro Rob. Macé, s. d. 8°.

169. — Même ouvrage. Roth., pro P. Regnault, s. d. 8°.

170. — Même ouvrage. [Roth., L. Hostingue?], s. d. 8°.

171. Hangesto (Hieron. de). Moralia. Ex caracteribus Parrhisiis, 1520. 8°.

172* Hangesto (Hieron. de). Problemata logicalia. Cad., L. Hostingue, 1511.

173. Hareuthals (Petrus de). Psalterii expositio. Roth., in off. L. Hostingue, 1504. 4°.

174. Herolt (Jo.). Sermones Discipuli. Cad., M. Angier, 1518. 4°.

175. Heures de Bayeux. [Paris], P. Regnault, 1497. 8°.

176* Heures de Bayeux. Rouen, M. Morin, pour Robinet Macé, vers 1503. 8°.

176 A. Heures de Coutances. Paris, pour Robinet Macé, 1498. 8°.

177. Heures de Coutances. Paris et Rouen, pour P. Regnault, s. d. 8°.

178. Heures de Coutances. Rouen, P. Regnault, s. d. vers 1508. 8°.

179* Heures d'Évreux. Paris et Rouen, pour P. Regnault, s. d. vers 1508. 8°.

180* Heures de Rennes? Pour P. Regnault, s. d. vers 1497? 8°.

181* Heures de Rennes? 8°.

182* Heures de Rennes? 8°.

183. Heures de Rome. [Paris], pour P. Regnault, 1497. 8°.

184. Heures de Rouen. [Paris], pour P. Regnault, 1492. 8°.

185. Heures de Rouen. [Paris], pour P. Regnault, 1501. 8°.

186. Horatii Ars poetica. Cad., M. Angier, 1526.

187. Horatii Epistole. Cad., J. Durandus et Eg. Quijoue, 1480. 4°.

188. Horatii Epistole. Cad., M. et G. Angier. s. d. 4°.

189. Instructio seu alphabetum sacerdotum. Roth., pro Rob. Macé, s. d. 8°.

190. Instructio virorum ecclesiasticorum. Caen. pour M. Anger, s. d. 8°.

191. Instructio seu alphabetum sacerdotum. Caen. pour M. et G. Angier, s. d. 8°.

192. Isidorus. De ortu et obitu prophetarum et apostolorum. Roth., L. Hostingue. s. d. 8°.

193. Isidorus. De ortu et obitu prophetarum et apostolorum. Roth., pro P. Regnault, s. d. 8°.

194. Janua (Joh. de). Catholicon. Roth., imp. P. Regnault et M. Angier, 1511. Fol.

195. Johannes, monachus Cisterciensis. Defensorium juris. Cad., M. Angier, s. d. 4°

196. Josse (Jo.). Expositiones modorum significandi. Roth., imp. Rob. Macé, s. d. 4°.

197. Josse (Jo.). Expositiones modorum significandi. Roth., pro Rob. Macé, s. d. 4°.

198. Juvenalis (Guido). In latine lingue elegantias. Roth., imp. M. Angier, s. d. 4°.

199. Lavacrum conscientie. Roth., in off. L. Hostingue, s. d. 8°.

200. Lavacrum conscientie. Cad., M. Angier, s. d. 8°.

201. Lefèvre d'Etaples, Paraphrasis in quoscunque philosophiæ naturalis libros. Par. et Cad., 1525. Fol.

202. Lesnauderie (Petrus de). Epistola incitativa ad vitam contemplativam. S. d. 8°.

203. Lesnauderie (Petrus de). Opusculum de doctoribus. Par., exp. Fr. Regnault et Mich. Angier, 1516. 8°.

204. Libellus de modo penitendi. Cad., M. Angier, s. d. 8°.

205. Libellus de modo penitendi. Roth., pro M. Angier, s. d. 8°.

206. Livret de dévotion, commençant par la mesure de la playe de N. S. J. C. S. d. 8°.

207. Lochmaier (Michael). Parrochiale curatorum. Cad., pro M. Angier, 1511. 8°.

208. Lochmaier (Michael). Parrochiale curatorum. Par., Fr. Regnault, s. d. [impr. à Caen?]. 8°.

209* Lokertus (Geo.). Aureus notitiarum libellus. Caen, M. et
G. Angier, s. d. 8°?

210. Loy salicque (La). [Caen.] M. Angier, s. d. 8°.

211. Macer. De viribus herbarum. Cad., L. Hostingue, 1509. 8°.

212. Major (Jo.). Scotus. Summule. Cad., L. Hostingue, 1520. 4°.

213. Mancinus (Dom.). De Passione. Roth., P. Regnault, s. d. 8°.

214* Manderstou (Guill.). Termini etc. Cad., M. Angier, s. d. 4°.

215* Manuale Abrincense. Caen, M. et G. Angier, s. d. 8°.

216* Manuale Baiocense. Cad., 1521. 4°.

217. Manuale Constantiense. Roth., P. Regnault, 1494. 4°.

218. Manuale Constantiense. Roth., imp. M. et G. Angier,
1539. 8°.

219* Manuale Lexoviense. [Roth., P. Regnault ? 1504 ?]. 4°.

220. Manuale Lexoviense. [Roth., Jac. Le Forestier,] 1507. 4°.

221. Manuale Redonense. Roth., M. Angier, s. d. 4°.

222. Manuale Redonense. Roth., M. et G. Angier, 1533. 8°.

223. Marbodi liber. Red., cura Joh. Macé, 1524. 4°.

224. Masuer. Tractatus judiciorum praxim continens. Cad.,
s. d. 4°.

225* Matheus Vindocinensis. Tobias cum commento. Cad.,
P. Regnault, s. d. 4°.

226. Matheus Vindocinensis. Thobias, cum commento. S. l.,
Robinet Macé, s. d. 4°.

227* Menus propos (Les). [Rouen], Rob. Macé, s. d. 4°.

228. Merlin. Le premier volume. Rouen, Je. Macé, s. d. 4°.

229. Merlin. Le second volume. Rouen, Je. Macé, s. d. 4°.

230. Merlin. Les prophecies. Rouen, Je. Macé, s. d. 4°.

231. Meschinot (Je.). Les lunettes des princes. Rouen, pour
Robinet Macé, s. d. 4°.

232* Meschinot (Je.). Les lunettes des princes. Rouen, M.
Angier, 1530. 8°.

233. Missale Abrincense. Roth. et Cad., Rob. Macé, 1505. 4°.

234* Missale Abrincense. Roth., imp. Mich. et Ger. Angier,
1534. Fol.

235. Missale Baiocense. Roth., pro P. Regnault, 1501. Fol.

236* Missale Baiocense. Roth., imp. P. Regnault, 1503. 4°.

237. Missale Baiocense. Roth., M. Morin, 1504. 4°.

238. Missale Baiocense. 1519. 4°.

239. Missale Baiocense. 1515. Fol.
240. Missale Baiocense. Roth., imp. G. Angier. 1543. 4°.
241. Missale Cenomanense. Par., imp. M. et G. Anger. 1530. 4°.
242. Missale Constantiense. Imp. P. Regnault. 1499. 8°.
243* Missale Constantiense. [Roth., imp. P. Regnault]. Fol.
243 A. Missale Constantiense. Roth., pro P. Regnault. 1501. 8°.
244. Missale Constantiense. Roth., 1524. 4°.
245. Missale Lexoviense. [Roth.], imp. P. Regnault, 1504. 4°.
246. Missale Redonense. Roth., exp. Rob. Macé, 1500. 4°.
247* Missale Redonense. Par., imp. Jo. Macé, 1523. Fol.
248. Missale Redonense. Imp. M. et G. Anger, 1531. 4°.
249. Missale Sagiense. Roth., imp. P. Regnault, 1500. Fol.
250. Missale Sagiense. Roth., imp. M. Angeri et Dion. Bouvet,
 1548. Fol.
251. Monachus (Guill.). Epithoma vocabulorum. Cad., M. Anger,
 s. d. 4°.
252. Monachus (Guill.). Epithoma vocabulorum. Cad., M. Angier,
 s. d. 4°.
253. Monachus (Guill.). Epithoma vocabulorum. Cad., Gir. Angier, s. d. 4°.
254. Monitoire de l'official de Lisieux, 1518? Fol.
255. Monte Rocherii (Guido de). Manipulus curatorum. Roth.,
 exp. P. Regnault, 1493. 8°.
255 A. Monte Rocherii (Guido de). Manipulus curatorum. Roth.,
 per L. Hostingue. s. d.
256* Monte Rocherii (Guido de). Manipulus curatorum. Roth.,
 imp. P. Regnault, 1513. 8°.
257. Monte Rocherii (Guido de). Manipulus curatorum. Roth.,
 imp. J. Macé, 1515. 8°.
258* Monte Rocherii (Guido de). Manipulus curatorum. Cad.,
 M. Angier, s. d. 8°.
259* Nanquier (Simon). Carmen de lubrico temporis curriculo.
 Cad.?
260. Nyder (Joh.). Confessionale. Roth., L. Hostingue, pro P.
 Regnault, s. d. 8°.
261. Odo, Camerac. episc. Expositio canonis misse. Cad., in off.
 M. Angier, 1532. 8°.
262. Opusculum ad erudimentum ordinandorum. [Cad.]. M.
 Angier, s. d. 8°.

263. Opusculum ad erudimentum ordinandorum. Caen, pour
M. Angier, s. d. 8º.
264. Ordinaire des chrétiens. Rouen, pour M. Anger, 1530. 4º.
265* Ordonnances du pays de Normandie. Rouen, pour M. Angier, [1519]. 8º.
266. Ovidii Metamorphoses. Par., sumpt. P. Regnault, 1466. Fol.
267* Ovidii Remedium amoris. Roth., R. Macé, 1501. 4º.
268* Palinod de 1528 ?
269* Palinod de 1537. Caen, B. Hostingue.
270. Palinods, chants royaux, etc. Paris et Caen, à Froide-rue,
s. d. 8º.
271. Passio secundum legem. [Cad.], 1531. 8º.
272. Peregrinatio terre sancte. Roth., imp. M. Anger, s. d. 8º.
273* Perottus (Nic.). Grammatica. Caen, M. Angier, s. d. 8º.
274. Perottus (Nic.). Grammatica. Roth., L. Hostingue, s. d. 4º.
275* Pontanus (Petrus) Cecus Burgensis. Ars versificatoris,
[Cad., 1514 ?] 8º.
276* Pontanus (Petrus). De introductione artis grammatice.
[Cad.], pro M. Angier, 1529. 8º.
277* Postille majores. Ex curracteribus Parrhisiis. M. Angier,
s. d. 4º.
278* Postilles des épitres et des évangiles. [Rouen, L. Hostingue?] s. d. 4º.
279* Prato Florido (Hugo de). Sermones. Caen, M. Angier,
s. d. 4º.
280. Prestre Jehan (Le). Rouen, pour Richard Rogerie, s. d. 4º.
281. Psalterium quincuplum. Roth., exp. M. Angier, 1515. Fol.
282. Questiones super evangeliis. [Caen], M. Angier, s. d. 4º.
283. Raimundi summula de sacramentis. [Cad.], 1535. 8º.
284. Raulin (Jo.). Doctrinale mortis. Cad., L. Hostingue, 1521. 8º.
285* Régime de santé. Rouen, pour Robinet Macé, s. d. 4º.
286. Rosate (Albericus de). Tractatus de testibus. Roth., in off.
M. Angier, 1508. 8º.
287* Scotus (Michael). Phisionomia. Cad., M. Angier, s. d. 8º.
288. Seneca. De quatuor virtutibus cardinalibus. Roth., in off.
M. et G. Anger, s. d. 8º.
289. Sententie antiquorum philosophorum. Roth., imp. P. Regnault, s. d. 8º.

Expositio magistri Johā=nis de Celaya valentini: in primum tractatum Sūmularū. Magistri Pe tri hispani nuperrime Impressa et ꝗ diligentissime ab eodem sue integri tati restituta.

Uenundatur cadomi ab michaele angier cōmorante iuxta conuentum fratrum minorum.

290° Sequentiarum expositio. Cad., M. Angier, s. d. 8°.

291° Sermones Dormi secure. Roth., exp. P. Regnault, 1515 8°.

292° Sicille. Blason des armes. Rouen, pour Richard Macé.
s. d. 8°.

293° Statuta diocesis Constantiensis. Roth., 1534. 8°.

294° Stille de procéder en Normandie. Rouen, Richard Auzoult
pour Robinet Macé, s. d.

295° Stille de procéder en Normandie. Rouen, Guill. Gauille-
mier pour Robinet Macé, s. d. 8°.

296° Stille de procéder en Normandie. Rouen, pour P. Regnault, s. d. 8°.

297. Sulpitii carmen de moribus in mensa servandis. Caen, L.
Hostingue, s. d. 8°.

298. Tatereti (Petri). Questiones super Aristotelis Ethica. Roth.,
pro Rob. Macé, 1498. 4°.

299. Terentii comedie. Roth., L. Hostingue, pro Rob. Macé.
s. d. 4°.

300. Terentii comedie. Cad., L. Hostingue, 1509. 4°.

301° Theodolus, cum commento. Roth., pro Rob. Macé, 1505. 4°.

302° Theodolus. Cad., L. Hostingue, 1500. 4°.

303. Thomas de Aquino. Quaternarius. Cad., P. Regnault.
s. d. 8°.

304. Tractatus de septem peccatis mortalibus. Roth., pro
P. Regnault, s. d. 8°.

305° Traité des eaux artificielles. Rouen et Caen, M. et G. Anger.
s. d. 8°.

306. Trésor des povres selon maistre Arnoult de Villenove.
Caen, Robinet Macé, 1507. 4°.

307. Trésor des povres. Rouen, pour M. Anger, 1520. 4°.

308. Trésor des povres. Rouen, pour M. Anger, 1520. 4°. (Variante de l'édition précédente.)

309° Valla (Laur.). De amore. Roth., imp. Rob. Macé, 1506. 4°.

310. Vie (La) Robert le Diable. Rouen, pour Rich. Macé, s. d. 4°.

311° Virgilii opera. Cad., cura Petri Regnault, 1511. 8°.

312. Virgilii Bucolica. Roth., imp. P. Regnault, 1507. 4°.

313. Virgilii Bucolica. Cad., pro Mich. Angier, s. d. 4°.

314° Virgilii Bucolica. Cad., in officina Mich. Angier, s. d. 4°.
(Fait peut-être double emploi avec l'édition précédente)

315. Virgilii Georgica. Roth., a Petro Regnault. s. d. 4°.

316. Vitalinis (Bonifacius de). Opus super maleficiis. Cad., M. Angier. s. d. 4°.

317. Vocabularius in eruditionem juvenum ysagogicus. Roth., L. Hostingue, s. d. 4°.

318° Vocabularius utriusque juris. Roth., imp. Mich. Angier, 1512. 8°.

319. Voragine (Jac. de). Legenda aurea. Roth., imp. Petri Regnault, 1507. 4°.

320° Voragine (Jac. de). Legenda aurea. Roth., imp. Mich. Angier, 1510. 4°.

321. Voragine (Jac. de). Legenda aurea. Cad., L. Hostingue, 1518. 4°.

322° Voragine (Jac. de). La Légende dorée en français. Rouen, M. Angier, 1511. Fol.

323. Voragine (Jac. de). La Légende dorée en français. Michel et Gir. Angier, s. d. Fol.

324. Voragine (Jac. de). Quadragesimale aureum. Roth., imp, P. Regnault, s. d. 8°.

325° Wildenbergius (Hier.). Totius naturalis philosophie in Physicam Aristotelis epitome. Cad., ex off. Rob. Macæi, s. d. 4°.

Caen. — Imp. Henri Delesques, rue Froide, 2 et 4.